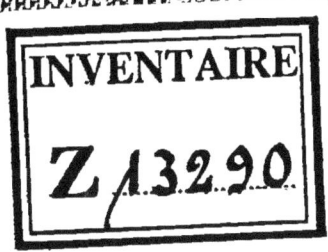

DÉDICACE-CRITIQUE DES DÉDICACES,

Où, entr'autres secrets merveilleux, on découvre quelle sera la situation des affaires dans mille ans d'icy.

Traduite sur la septiéme Edition de l'Anglois, du fameux M. Svvifte.

*** Anglois.

Imprimé à Roüen, & se vend

A PARIS,

Chez FRANÇOIS BAROIS, ruë de la Harpe, à la ville de Nevers.

─────────

M. DCC. XXVI.

Avec Approbation, & Permission du Roy.

PREFACE
DU
TRADUCTEUR,
à tout le monde.

Lecteur judicieux, belle Lectrice,

LE compliment que je vous fais ne peut manquer de vous plaire; homme de bon sens! Belle femme! Que voulez-vous de mieux? Si Monsieur n'a pas

à ce

PREFACE.

ce bon sens, ny Madame cette beauté que je leur souhaite, ce n'est pas ma faute : mais à cela ne tienne ; on se flâte volontiers sur ces deux articles. Je veux donc que l'un ait tout le bon sens, & l'autre toute la beauté qu'ils desirent: J'ay mes raisons pour les entretenir dans cette douce folie ; & je me flâte, que par complaisance réciproque, en excusant mes défauts,

PREFACE.

fauts, ils me permettront aussi de m'en faire accroire sur la bonté de la Traduction que je leur donne ; car chacun a sa folie.

Voilà pour moy. Mais disons un mot de nôtre Auteur, qui a bien la sienne aussi ; c'est Monsieur Svvifte, Ministre Anglican, plus connu par ses bons Mots, que par ses Sermons : il a écrit plusieurs Pieces badines, parmi lesquelles
j'ay

PREFACE.

J'ay cru que celle-cy pourroit vous divertir, en attendant que je vous donne fa Dédicace à l'homme dans la Lune ; ce que je feray bien-tôt, en faveur du Régiment de la Calotte.

APPROBATION.

J'AY lû, par l'Ordre de Monseigneur le Garde des Sceaux, la Dédicace-Critique des Dédicaces, traduite de l'Anglois, dans laquelle je n'ay rien trouvé qui doive en empêcher l'impression. A Paris le 5. Avril 1726.

BLANCHARD.

PERMISSION DU ROY.

LOUIS PAR LA GRACE DE DIEU, ROY DE FRANCE ET DE NAVARRE; A nos Amez & Feaux Conseillers, les Gens tenans nos Cours de Parlement, Maîtres des Requêtes ordinaires de nôtre Hôtel, Grand Conseil, Prevôt de Paris, Baillifs, Sénéchaux, leurs Lieutenans Civils, & autres nos Justiciers qu'il appartiendra : SALUT, nôtre bien Amé le sieur FLINT, Nous ayant fait supplier de luy accorder nos Lettres de Permission pour l'impression d'une *Dédicace-Critique des Dédicaces*, offrant pour cet effet de le faire imprimer en bon papier & en beaux caracteres, suivant la feüille imprimée & attachée pour modéle, sous le contrescel des Presentes; Nous avons permis &

per-

permettons, par ces Presentes, audit sieur Flint, de faire imprimer ledit Ouvrage cy-dessus spécifié, en un ou plusieurs volumes, conjointement ou séparément, & autant de fois que bon luy semblera, sur papier & caracteres conformes à ladite feüille imprimée & attachée sous nôtredit contrescel, & de le faire vendre & debiter par tout nôtre Royaume, pendant le temps de trois années consécutives, à compter du jour de la datte desdites presentes ; Faisons défenses à tous Libraires, Imprimeurs, & autres personnes, de quelque qualité & condition qu'elles soient, d'en introduire d'impression étrangere dans aucun lieu de nôtre obéïssance : A la Charge que ces Presentes seront enregistrées tout au long, sur le Registre de la Communauté des Libraires & Imprimeurs de Paris, & ce dans trois mois de la datte d'Icelles, que l'impression de cet Ouvrage sera faite dans nôtre Royaume, & non ailleurs, & que l'Impétrant se conformera en tout aux Réglemens

de

de la Librairie, & notamment à celui du dixiéme Avril 1725. & qu'avant que de l'exposer en vente, le Manuscrit ou Imprimé qui aura servi de Copie à l'impression dudit Ouvrage, sera remis, dans le même état où l'Approbation y aura été donnée, és mains de nôtre très-cher & Feal Chevalier, Garde des Sceaux de France, le sieur Fleuriau d'Arménonville, Commandeur de nos Ordres, & qu'il en sera ensuite remis deux Exemplaires dans nôtre Bibliothéque Publique, un dans celle de nôtre Château du Louvre, & un dans celle de nôtredit très-cher & Feal Chevalier, Garde des Sceaux de France, le sieur Fleuriau d'Arménonville, Commandeur de nos Ordres; le tout à peine de nullité des Presentes, du contenu desquelles vous mandons & enjoignons de faire joüir ledit sieur Exposant, où ses ayans cause, pleinement & paisiblement, sans souffrir qu'il leur soit fait aucun trouble ou empêchement. VOULONS qu'à la copie desdites Presentes, qui sera
im-

imprimée tout au long, au commencement ou à la fin dudit Livre, foy soit ajoûtée comme à l'Original : Commandons au premier nôtre Huissier ou Sergeant de faire, pour l'execution d'Icelles, tous Actes requis & necessaires, sans demander autre Permission, & nonobstant Clameur de Haro, Charte Normande, & Lettres à ce contraires ; Car tel est nôtre plaisir. DONNE' à Paris le vingt-cinquiéme jour du mois de Juillet, l'an de grace mil sept cens vingt-six, & de nôtre Régne le onziéme. *Par le Roy en son Conseil.*

DE S. HILAIRE,

Registré sur le Registre VI. de la Chambre Royale & Syndicale de la Librairie & Imprimerie de Paris, N°. 459. Fol. 365. *conformément au Réglement de* 1723. *qui fait défenses,* Art. IV. *à toutes personnes, de quelque qualité qu'elles soient, autres que les Libraires & Imprimeurs, de vendre, debiter &*
faire

faire afficher aucuns Livres pour les vendre en leurs noms, soit qu'ils s'en disent les Auteurs ou autrement; & à la charge de fournir les Exemplaires prescrits par l'article CVIII. du même Réglement. A Paris le vingt-six Juillet mil sept cens vingt-six.

    D. MARIETTE, Syndic.

DEDICACE - CRITIQUE DES DEDICACES.

MYLORD, OU MONSEIGNEUR,

JE n'ay pas l'honneur d'être connu de VÔTRE EXCELLENCE, c'est pourquoy je prens la liberté de vous entretenir familierement, & de vous demander vôtre protection: ma Dédicace ne peut vous paroître étrange; ce n'est pas aparemment la premiere que vous voyez de cette espece: j'ay vû un * Auteur

* Monsieur Pittys, dans sa Dédicace de son Poëme, intitulé l'*Isle Pourpréé*, à Mylord Morland.

teur qui a consacré vingt pages à loüer un Mylord, dont tout ce qu'il connoissoit étoit que S. E. avoit cinquante mille livres sterlins de rente; & c'étoit en sçavoir assez: jugez s'il n'avoit pas raison, sans qu'il lui en coutât rien, de donner de la probité, de la Religion, & mille autres belles qualitez à un homme qui pouvoit lui donner sa part de cinquante mille livres sterlins; il eut soin sur-tout de bien vanter sa libéralité. En voulez-vous sçavoir la raison? La bourse de l'un étoit pleine, l'estomac de l'autre étoit vuide; quoi de plus naturel que ce commerce qui échange le trop de celui-là, avec le trop peu de celui-cy? Et comme cette pratique est aujourd'hui universelle, on peut facilement, par l'étenduë du panégirique,

que, conjecturer l'opulence du Protecteur & le besoin de son respectueux Client : si la Dédicace passe les trois pages, vous pouvez gager triple contre simple, que l'Auteur n'a rien mangé depuis trois jours ; & que S. E. entr'autres excellentes qualitez, a du moins cinquante mille livres sterlins, bien comptées, de rente.

Par-là le public est instruit de l'état d'un grand Seigneur, aussi aisément que par les Regîtres de ses revenus ; & sa libéralité à l'égard de l'Auteur, n'est qu'une récompense pour avoir publié ses richesses.

C'est pourquoi un Seigneur, qui n'a pas de quoi faire rouler carosse, ne doit pas s'atendre à trouver un très-humble admirateur parmi nous autres vendeurs de fumée ;

à moins qu'il ne fasse son marché avec nous, & qu'il ne nous donne tant pour chaque bonne qualité dont il peut avoir besoin.

Bien sot est donc celui qui juge d'un haut & puissant Seigneur par les portraits qu'on en trouve dans les frontispices des livres; parce que nous autres Dédicateurs sommes une sorte de Tailleurs spirituels, qui revêtons les Grands Seigneurs de mille belles qualitez sans avoir jamais pris leur mesure: mais il y a trois régles dont nous ne nous départons jamais. 1°. Il ne faut pas que l'habit soit juste, encore moins étroit. 2°. Il faut qu'il soit bariolé de clinquant sur toutes les coutures. 3°. Qu'il soit tout semé de brillants. Un habit large & brillant fait toûjours honneur à la fidélité du tailleur; & en ce ce genre, on ne regarde pas de si près à l'étoffe & à la justesse.

Je voudrois en cette occasion féliciter nos Seigneurs de l'avantage qu'ils ont d'avoir leurs Portraits tirez d'après nature par ceux qui ne les connoissent pas, ou qui n'ont garde de les connoître ; car leur dessein n'est pas de faire rougir de modestie, ny Monseigneur ny Madame, par le recit trop fidele de leurs Belles qualitez ; c'est un petit tour de politesse qui ne gâte rien, & dont il faut croire qu'ils auront bien de la reconnoissance.

Quant à moy, lorsque je vois un Seigneur surchargé d'une longue Kyrielle de beaux talents, qui ne lui sont rien, je n'en suis pas étonné, sçachant bien que ce n'est point tant l'éloge de sa Grandeur,

qu'une simple déclaration des be-
soins pressants de l'Auteur.

   Quelques-uns peuvent s'imaginer que la dépendance où l'on est
d'un Seigneur, est la meilleure
raison de lui dédier un Ouvrage ;
mais je ne suis pas de cet avis : pour
moy, on peut remarquer facilement, par la gayeté de mon visage
& par l'intégrité de mes mœurs,
que je ne dépens d'aucun Seigneur
portant étoile & jaretiere. J'avouë
que levant boutique d'Auteur &
de bel esprit, j'ay jugé à propos
d'implorer, pour moi & pour mon
livre, V. E. mais c'est seulement
pour en orner le frontispice de
mon Livre, & rien de plus : mon
intention étoit d'abord en effet de
vous faire tout l'honneur de ce petit Ouvrage, en l'intitulant * *Essai*
d'une

* Il en veut ici aux Essais de Mylord F.

d'une perſonne de qualité ; mais mon Libraire, qui eſt un fin Compere, & qui ſçait tâter le poulx du public, s'eſt emporté, comme un furieux, quand je lui ay fait cette propoſition, & m'a redemandé bruſquement les cinq chelins qu'il m'avoit avancez huit jours auparavant pour m'encourager, me diſant en même-temps, avec chaleur, qu'il n'avoit ny plaiſir ny profit à vendre du papier broüillon aux Epiciers à deux ſols la livre. *Quoy*, dit-il, *Eſſai d'une perſonne de qualité* ! j'aimerois autant enchaîner ce Livre à mon Comptoir, pour en faire un garde-boutique éternel, que de lui donner un ſi miſérable titre ; *Eſſai d'une perſonne de qualité* ! Quel chien de titre ! ce ſeroit un vray Taliſman pour fixer ce livre dans ma boutique,

tique, & me porter malheur; y a-t'il Lecteur assez avanturier pour vouloir lire l'*Essai d'une personne de qualité* ? Je ne veux point de titre qui fasse respecter mon Livre: non non, mon Ami, si vous voulez embellir le frontispice de vôtre Livre de quelque titre heureux, appellez-le, *Lettre à une personne de qualité*; & comme vous n'y mettrez pas le nom de ce grand Personnage, tout le monde s'imaginera qu'elle contient immanquablement quelque chose de piquant & de satyrique; & c'est ce qui mettra vôtre livre entre les mains de tout le monde. J'ay suivy son conseil, & j'en suis plus riche encore de cinq chelins qu'il m'a donnez pour cela.

Mais pour en revenir à ce que je disois à V. E. la dépendance où
l'on

l'on est d'un Seigneur n'est pas une raison pour lui adresser une Dédicace, parce qu'il recevra le present qu'on lui fait, ou comme un juste tribut, à cause de la dépendance; & alors point de récompense, ou bien il payera en une espece de monnoye, qu'on appelle Promesses, frappées au coin de son honneur, & qui par conséquent est fort décriée, & n'a point de cours chez les Marchands & les Traiteurs. Car quelque sot risqueroit là-dessus une aulne de drap ou un verre de vin : c'est chose tout-à-fait déplorable que le monde soit arrivé à ce point d'incivilité, que de ne faire pas plus de cas de la parole & de l'honneur d'un Mylord qu'il n'en fait lui-même.

Ainsi je m'en tiens à assûrer-que

le

le vray Protecteur, qu'un Ecrivain doit choisir pour lui dédier ses Ouvrages, est celui qui lui est le plus inconnu, & qui n'ayant jamais eû aucun commerce avec lui, ne peut regarder sa Dédicace que comme une maniere ingénieuse de lui demander le salaire qui lui est dû pour cela; & partant les Dédicaces sont les Lettres de Change que les beaux esprits tirent sur les riches, payables à vûë.

Mais de peur que le present ne soit pas bien connu, & récompensé selon son mérite, à cause de l'ignorance pitoyable des gens de qualité, que leur élévation place aussi loin des Arts & des Sciences, que des sentimens d'humanité & de la véritable politesse; j'ay, pour le service de mes Confréres en Ecritoire, dressé le modele suivant,

vant, par lequel je ſtatuë qu'ils concluënt toutes leurs Dédicaces.

A ſa très-honorable Seigneurie, Monſeigneur, le Seigneur *de Wideſield*, ſoy diſant, *de Terre-large*, qui doit à *Paul Poornit*, ſoy diſant *Pauvre-Eſprit*.

Pour une ample érudition, à lui fort neceſſaire . . . 48 l. 9. ſ. 3 d

Item. Pour un baril de rare Eloquence, admirée de tout le monde, car on ne s'en eſt jamais ſervy. 6 1 l. 10 ſ. 9 d

Item. Pour autant de droiture & d'honneur qu'il en faut à un Seigneur . . . 6 d

Item. Pour une demi-livre de bel eſprit & de bonne humeur,

meur, étant tout ce que j'avois de reste; mais très-bons, & extrêmement à bon marché . . . . 20 l.

Item. Pour une longue lignée de très-illustres Ancêtres, & tout plein une écuelle de sang noble, ny l'une ny l'autre mesurée, prise seulement par conjecture . . . . . . 100 l.

Item. Pour l'éloge de vos Ancêtres, de qui je n'ai nulle connoissance . . . . 28 l. 3 f. 4 d

Item. Pour mon admiration de la beauté de Madame vôtre épouse, sans l'avoir ja-

des Dédicaces.

jamais vûë, non pas même en peinture . 11 l. 16 f. 8 d

Item. Pour un beau personnage donné à V. E. tout de ma façon . . . . . . 48 l. 17 f. 9 d

Item. Pour quelques scrupules de generosité, marchandise très-rare . 12 l. 7 f. 3 d

Somme totale . . 332 l. 5 f. 4 d

MYLORD,

J'ay envoyé à V. E. les marchandises cy-dessus mentionnées, qui sont les meilleures que je possede dans mon * Grenier, & au plus juste

* On met *Grenier*, plûtôt que Magasin, en suivant l'Auteur, qui met icy Grenier, parce qu'il suppose que les beaux Esprits sont toûjours

juste prix; j'espere qu'elles agréeront à V. E. qui encore trouvera dans la cargaison plusieurs autres marchandises, dont je n'ay pas fait mention cy-dessus; par exemple, un gros paquet de Vertu, & un autre de bon Naturel, dont je sçavois que vous aviez aussi besoin; & ces deux derniers articles feront monter la somme Totale justement à 400 liv. pour lesquelles j'ay tiré sur V. E. une Lettre de Change que je vous prie de payer à vûë; car je vous assûre, Monseigneur, que j'ay été dans un besoin pressant d'argent; long-
temps

jours logez aux Greniers, comme de Jupiter du Pacte Grec,

Ζευς ὑψιβρεμέτης ὃς ὑπέρτατα Δώματα ναίει·

Jupiter l'altitonant, qui occupe les plus hauts apartements.

de même ces beaux Esprits tonnent-ils de leurs plus hautes demeures sur le monde inférieur.

temps avant que vous fussiez mon Débiteur. J'aurois trouvé parmy la Noblesse assez de Chalands, qui avoient autant besoin de ces marchandises que V. E. mais, par pure estime pour vous, j'ay déterminé de vous donner la préférence; c'est pourquoy, en atendant de pied ferme les effets de vôtre libéralité, je prends très-humblement la liberté de me souscrire, Monseigneur, ou Mylord, vôtre très-obligé, très-dévoüé, très-humble, très-obéïssant, & tous les très-imaginables, &c.

Je voudrois que les Auteurs traitassent ainsi rondement leurs Patrons; ces susdites 400 liv. peuvent faire tout le fond du pauvre Poëte; & comme, de tous les Négocians du monde, les beaux Esprits sont ceux qui trouvent le moins à trafi-

trafiquer à crédit, soit pour vendre, soit pour acheter, ils ont d'autant plus besoin d'argent comptant.

Vous voyez par-là, MYLORD, quel traitement & quelle récompense j'atends pour le Panégirique suivant.

Et pour faire un début à la mode, en entreprenant vôtre Portrait, je commence par l'Antiquité de vôtre Maison, qui est aussi illustre qu'elle est ancienne. Vos Ayeuls ont merité les honneurs dont vous joüissez. Je ne dis rien de vôtre bonne grace à en joüir, tout le monde en est aussi instruit que moy : vous y en ajoûteriez sans doute de nouveaux, s'il y avoit de la place pour les mettre ; mais pourquoy vous fatiguer & vous tourmenter, pour obtenir

ce

ce que d'autres ont déja aquis pour vous? Rien ne prouve mieux vôtre prudence consommée, que le doux repos dont vous joüissez, loin de toutes ces recherches importunes & périlleuses. Si quelque insolent prétend révoquer en doute vôtre Gloire, montrez-lui vos Armes, & le nombre de vos Fiefs; fermez-lui la bouche par la Noblesse de vôtre Sang, & éblouïssez ses yeux par l'éclat de vôtre Race.

Comme on a la Noblesse par Patente, quel besoin a-t'on des titres de la vertu? Un morceau de parchemin est chose plus facile à porter. Vôtre Seigneurie paroît avoir senty la difficulté qu'il y a d'exceller en quoy que ce soit; c'est pourquoy, avec une sagesse exemplaire, elle se garde bien de travailler comme un forçât après la Renommée;

B

mée; vos Ancêtres ont excellé pour vous; & pour avoir tout plein de belles qualitez, ils ont épargné à V. E. la peine d'en avoir aucune. Le lustre de leur grand nom répand toûjours ses rayons sur vôtre personne, quoi qu'excessivement affoiblis par la longueur du voyage qu'ils ont fait en passant par trois ou quatre Générations; dont chacune en avoit autant de besoin que vous-même; ainsi le merite d'une grande famille ressemble au cours d'une riviere renversé, qui s'élargiroit en remontant vers la source.

Mais si quelqu'un entreprenoit de faire une comparaison incivile (ce qu'à Dieu ne plaise) entre V. E. & le Fondateur de vôtre Famille, vous lui pourrez montrer (où moy pour vous.) que vous possedez

plu-

plusieurs arts & perfections, qui furent tout-à-fait inconnuës à ces barbes longues & têtes mal peignées, avec leurs ornements intérieurs.

Si quelqu'un de vos Ayeuls a été grand Orateur, & a fait briller sa langue, vous n'êtes pas moins habile à mettre en jeu l'organe voisin; & vous sçavez prendre du Tabac avec une volubilité de narine dont le morveux d'Orateur n'étoit pas capable. Quoi qu'un autre de vos Ancêtres ait été bon Politique & ait fait le diable à quatre, par sa grande habileté dans les affaires d'Etat; le dehors de sa tête n'a pas été à moitié si bien orné que la vôtre, qui se trouve plus chargée de boucles, que la sienne ne fut jamais de ruses d'Etat. La sienne fut enrichie par une pénible étude ; la vôtre est bien mieux enjolivée par l'adresse de l'expert Barbier. Un troisiéme de vos Ayeuls a été un bon General d'Armée; mais s'il avoit eu à se servir de vôtre canne & de vôtre tabatiere, il auroit été aussi en peine que vous à manier son Bâton de Maréchal.

Un quatriéme de vos Ancêtres passa la nuit à travailler pour ses Clients ; mais vous, plus heureux, & moins sçavant, dormez tout le long de la journée, & vivez du travail de vos Fermiers. Tous ces gens-là travailloient pour vous, Monseigneur, prévoyant apparemment que vous auriez bien besoin de leur secours, vôtre qualité vous dispensant d'être bon à quelque chose. La sagesse & le merite ne sont pas (à ce que nous voyons) si facilement substituez que les Titres

tres & les Terres ; effectivement il seroit à souhaiter qu'une tête sage & un cœur droit pûssent engendrer leurs semblables, & que les hommes fameux sçûssent faire passer, avec leurs Titres, leurs merites à la postérité ; mais comme cela ne se peut, il faut que leurs Descendants se consolent de l'alliance qu'ils ont au merite, quelqu'éloignez qu'ils en soient. Ah! combien de gens seroient malheureux, si l'on ne pouvoit se contenter que du merite qu'on trouve en soy-même.

   Rien n'est plus ordinaire ny plus naturel que de nous estimer par ce qui n'est point en nous, dont j'ay vû en mon temps plusieurs exemples assez drôles. J'ay connu un Batteur de bled, dans la Province d'York, tellement transporté de ce ce que son frere venoit d'être promû à une Cure de cent écus de revenu, qu'il quitta son fleau, comme faisant deshonneur au proche parent d'un si grand Personnage, & se mit à Pêcher des Anguilles, comme un employ plus digne d'un Gentilhomme. On a remarqué, qu'après l'avancement de son frere, il a toûjours roulé ses bas, au lieu qu'auparavant il les boutonnoit très-humblement sous ses culottes. On dit qu'il menace d'abandonner le Village où il nâquit, parce que les habitans grossiers continuënt de l'appeller toûjours, à leur ordinaire, *Compere-Frappe*, sans aucun égard pour ce qu'il est devenu frere de Monsieur le Curé; mais on craint fort que le projet d'un si grand cœur n'avorte, parce qu'on doute qu'aucune autre

tre Paroiſſe le veüille reçevoir ſans Certificat de ſa Nobleſſe.

Je ſuis naturellement bon, ainſi je voudrois conſoler tous ceux, qui, avec le ſang noble, ont l'entendement vulgaire, par la replique que fit le Forgeron au Barbier, qui l'appelloit ignorant; que quelque ignorant qu'il fut, ne ſçachant ny lire ny écrire, ſon Pere pourtant avoit eu l'honneur d'être Garde de Chaſſe d'un Seigneur; à quoi le Barbier, qui n'étoit que fils de Barbier, ſe trouvant ſurpaſſé en famille, fort reſpectueuſement ſe tût, & céda l'avantage à ſon Supérieur.

A peine peut-on s'imaginer juſqu'où s'étend, & combien ſe multiplie un peu de ſang noble qu'on croit couler dans les veines; rien, peut-être au monde, n'eſt plus
mira-

miraculeux ; rien, non, il n'y a rien qui entête tant, ny qui fasse tant tourner la cervelle ; celui qui s'imaginoit que son nez occupoit cinq aulnes de diamêtre au-devant de lui, & qui s'écrioit à tout approchant, *Gare à mon Nez*, ne fut pas plus fou, que le font quelques possedez de leur sang noble ; lequel se trouve très-souvent en grande abondance dans la tête, pendant qu'il n'y en a pas une demi-goutelette dans les artéres.

Et il est bon de remarquer, en passant, que l'on est toûjours le plus proche Allié à celui de ses Ancêtres qui a eu le plus d'éclat, fut-il éloigné de sept Générations. Si nôtre Trisayeul, par exemple, étoit une personne de merite, & que les autres, entre lui & nous, ayent été des Vauriens, nous passons fons tout droit fur le ventre de ceux-cy, & nous defcendons immédiatement dudit grand Perfonnage du 13 ou 14 fiécle ; & ainfi on eft plus proche d'un homme, qui vécut il y a trois ou quatre cens ans, que de celui qui nous a engendrez. Pas un Juif n'eft le fils de fon Pére ; non, il eft le fils d'Abraham, qui mourut il y a tant de milliers d'années, & eft pourtant obligé de reconnoître pour fes enfans, une race olivâtre de Courtiers & de..... Imaginez le refte comme vous voudrez.

C'eft de la même maniere que le Prince *Cadvallader* a engendré tous ceux qui nâquirent dans le pays de Galles pendant 500 générations : je connois, moi, une Dame fort coëffée de fot orgüeil & de Généalogie, dont le Pere,

avec

avec de hauts titres & de gros biens, avoit la faculté de bêtife: de celui-ci elle ne fait jamais mention, comme apparemment ne lui étant aucunement allié ; mais un grand Perfonnage de fon nom, qui vivoit il y a 700 ans, fous le Régne du Roy *Guillaume le Roux*, c'eft fon très-bon & bien-aimé Parent ; il eft, fi je ne me trompe, au moins fon Oncle, ou fon Coufin Germain.

Cette maniere de choifir nos Parens (comme s'il dépendoit de nous, après que nous fommes mis au monde, d'élire celui qui nous y mettroit) fait voir beaucoup d'ambition, mais peu de politique ; car nous dévrions bien nous garder de nous mettre en paralelle avec ceux de nos Ancêtres, aufquels nous n'avons pas la moindre

dre ressemblance : un Nain se peut donner des airs sur les épaules d'un Géant : mais le petit Monsieur fait d'autant mieux voir sa petitesse, qu'il est plus près d'un Géant. Combien de petites gens, avec bien de la peine, grimpent comme cela bien haut, uniquement pour mettre au jour leur petitesse : mais tout ceci va mal..... Ceux qui souhaitent paroître Grands, dévroient choisir de ne converser qu'avec des Petits, s'ils veulent atteindre au but de leur ambition ; c'est pourquoi je louë fort la prudence & la politique de nos nobles Gentillâtres, chasseurs de Renards, qui pour ne pas manquer de compagnons inférieurs en entendement & en conversation, passent tout leur temps avec des Animaux qui ne

par-

parlent pas, vivent & meurent parmi les bêtes, les chevaux & les chiens. Un bon Gentilhomme à qui les organes de la parole ne serviroient de rien dans le Parlement, ou avec le beau monde, se peut trouver fort éloquent dans une assemblée de chiens de Chasse; il peut, par sa grande force & énergie de gorge, quelquefois haranguer mieux que ses freres Orateurs en leur Plaidoyerie. La sagesse de ces rares Personnages, élevez dans un Chenil, va encore plus loin; car chacun choisit pour * Docteur, le chien dont la voix est plus à l'unisson de la sienne; ainsi dès que j'entends quelqu'un de ces Ecoliers ouvrir la gorge,

* Il fait ici allusion aux Ecoliers des Universitez, où chaque Pensionnaire a quelque sçavant Docteur en titre pour l'élever.

gorge, je connois d'abord son chien de Docteur; si Monsieur a été élevé sous le Docteur * *Brifaut*; ou sous le Docteur * *Bombaut*; ou sous le Docteur * *Sigaut*; l'éloquent Docteur *Brillebaut* est à present le plus fameux de l'Université, par le nombre des Ecoliers qu'il a élevez; j'en connois moi-même plusieurs; & en particulier un jeune Gentilhomme de grande espérance, fils aîné d'un Baron, qui est déja fort sçavant en cette science de gorge. Jusqueslà qu'on est d'avis que dans l'absence de son Docteur, le bruyant *Brillebaut* susdit, cet Ecolier peut tenir sa place à la tête de la Meute : quand ce digne heritier du Baron déploye son puissant gosier, le cœur de Madame sa mere saute

* Noms de Chiens.

faute de joye ; & le vieux Baron, avec un soûris, un clin d'œil, & un secouëment de tête folâtre, dit à la compagnie, *je reconnois mon sang ; mon fils Henri est le vrai fils de son Pere.* Or, jusqu'icy tout va bien : tandis que l'ambition & la capacité des gens marchent de pair ; mais lorsque nôtre bon homme de Baron, non content d'exposer ses belles qualitez avec celles de Monsieur son fils, veut aussi mentionner les proüesses & les gestes de ses Ancêtres, qui furent en effet de grands hommes ; c'est ce qui choque. Il est vrai pourtant qu'il n'acheve jamais le discours sans y coudre son propre éloge, & celui de Monsieur son fils, en finissant toûjours par dire, qu'aucun de ses Ancêtres n'a sçû de si bonne grace assabler une
rasade

rasade ou donner si gaillardement du Cor.

Ayant ainsi, *Mylord*, rendu justice à vôtre lignée, je procéde à cette heure en forme à la considération de vos revenus.

Les fondateurs de familles ont généralement pourvû au soutien des beaux Titres qu'ils ont transmis à leur posterité ; ce qui est un soin très-loüable ; car, helas ! comme le monde va aujourd'hui, qu'est-ce que la Noblesse sans argent ? L'argent & les Châteaux sont les vrayes pierres de touche de la Noblesse : on peut facilement méconnoître l'antiquité de vôtre famille ; mais des terres sont des honneurs visibles; il n'y a rien de plus illustre qu'un grand bien, sans quoy la Patente la plus honorable ne peut rien sur les cœurs ny sur les chapeaux d'une assemblée.

On avouë bien que ny la famille ny l'opulence ne fait nul changement dans la personne. Une Baronie ne peut pas parfumer une mauvaise haleine, ny ôter du crâne un demi pouce d'épaisseur, ny lui donner brin de bon sens. Un Seigneur peut être un Nain, un Fou, un Vaurien, pendant qu'il est maître d'un million sterlin, & de la moitié d'une Province? Alexandre le Grand gagna le torticollis (peut-être fut-ce en portant le Globe de la Terre sur ses épaules) & l'Empire de la Terre ne put le lui redresser..... Mais comme je parle ici seulement de la grandeur imaginaire & non de la réelle, cette distinction donne à vôtre Seigneurie un avantage,
dont

dont je ne puis pas m'empêcher de la féliciter.

Le droit que vous avez, *Mylord*, à nôtre respect est double, & par vos Tîtres & par vos richesses; il est vrai que ce dernier est le moins digne, & cependant le monde est si enjoüé des richesses, que sans celles-cy, à peine voudroit-il regarder vos grands Tîtres; encore, pour user de ne foi avec vôtre Seigneur., je n'avois sçû qu'elle fut riche, peut-être jamais n'aurois-je sçû qu'elle fut noble, d'où par conséquent, elle & moy, n'aurions jamais fait alliance de Patronnage & de Clientage, & le monde auroit eu le malheur de rester dans l'ignorance de vôtre personne: c'est pourquoi je ne voudrois, pour moins de 400. livres, que

V.

V. E. eut manqué une si belle occasion d'obliger la posterité, & moi aussi vôtre Client très-humble. Continuez, *Mylord*, & avancez toûjours dans la Cariere de l'honneur, c'est-à-dire, dans l'art de gagner ; persistez d'être digne, c'est-à-dire, d'être riche.

Des biens de V. E. il est naturel de faire une petite transition à son esprit, puisque, selon l'usage ___ maniere de parler ordinaire, celui qui a la bourse garnie, ne manque jamais d'avoir la tête bien timbrée : & comme les prétendus beaux esprits n'entendent point à remplir leurs coffres; croyez-moi, ce sont les plus grands sots du monde ; les richesses, au contraire, d'un Fou ne manquent jamais d'en faire un sage ; & d'une Pécore un bel esprit ; d'abord qu'un

Jeliot

Jéliot cesse d'être pauvre ; le voilà métamorphosé en habile homme. La raison en est toute claire ; & pourquoi diantre ! aussi l'esprit du pauvre se tient il enfoncé dans sa tête ? Celui du riche l'entend mieux ; il brille sur ses habits : une personne qui a de l'esprit dans son coffre, & un génie qui consiste en plusieurs Seigneuries, ne manquera jamais de recevoir les loüanges dûës à des talens si rares. Je pourrois icy faire mention de force illustres Citoyens, qui ont sur mer une grande capacité, & sur terre des magazins merveilleusement pleins de bel esprit, sont très-spirituels en de grands fonds, en Actions, en billets de Banque, & en beaucoup d'autres habiletez, pas moins remarquables dans l'Echiquier.

Je

Je ne puis pas m'abstenir de déplorer dans cette occasion, avec un regret sensible, les obstacles invincibles qui empêchent le malheureux bel esprit, borné au-dedans de la tête, de s'avancer en estime & en réputation. Helas! (soit dit sans envie!) il n'y a pas le mot pour rire dans la faim; & où est la pointe de n'avoir qu'une chemise? Une perruque frisée comme une livre de chandelles n'excite gueres d'amitié, & un habit qui montre la corde ne charme gueres les yeux; je le puis dire, par expérience, c'est une forte sotte chose qu'une bourse vuide: c'est pourquoi, *Mylord*, il ne me reste d'autre expédient que de loüer mes talens, comme je fais ici à vôtre Seigneurie, pour me procurer un peu d'esprit, dont j'ai j'ai grand besoin : quatre cens livres, *Mylord*, frugalement ménagées me rendront homme d'esprit pendant trois mois de suite ; V. E. qui a des talens d'une vaste circonférence autour de son Château, & une ample capacité en argent & en billets de Banque, n'a pas seulement un fond de sagesse & de pénétration qui suffise pour toute vôtre vie ; mais encore transmettra sans doute les mêmes solides perfections sans diminution à vôtre posterité : Mylord Clarendon nous a dit que l'habilité du fameux Cromvvel, sembloit s'augmenter à proportion de son élevation, & de même le bon sens & le bel esprit de V. E. qui sont maintenant si vastes, auroient été jusqu'à cette heure cachez au Butor de monde, si vôtre

tre fortune, *Mylord*, ne les eut trahis sans félonie aucune.

Je ne dis pas tout cecy à V. E. pour lui prouver qu'elle a de l'esprit ; c'est la derniere chose dont elle a besoin d'être convaincuë…. Mon ambition est seulement de me procurer, avec vôtre argent, de l'esprit & de la sagesse. Et il est raisonnable que pour cela je fasse quelque chose : je dois un terme à mon Hôtesse ; & à ma Blanchisseuse un mois de son Métier ; ces deux sont les premieres à qui je prétends donner des preuves de ma capacité ; car je découvre déja dans leurs visages réfrognez, qu'elles commencent à douter de mon mérite ; mon Cordonnier aussi, & plusieurs autres gens de bas esprit, demandent avec empressement de pouvoir toucher quelques preuves sensibles de mon beau génie. Ce seroit une cruauté si V. E. me laissoit plus long-tems passer pour un sot parmi ces Compagnons, sans lesquels on ne sçauroit vivre ; & cecy faute de cette sorte de bon sens, qu'on appelle argent comptant, moyennant lequel je serois parmi eux bien admiré. Et, ce qui vaut beaucoup mieux, j'en trouverois du crédit, un habit & des souliers neufs ; j'ay souvent tâché d'être facétieux à la Taverne sur une bouteille de vin ; mais le lourdaut de Cabaretier est si stupide & si avare qu'il n'entend pas les bons mots ; si ce n'est ceux que je lui compte entre pouce & doigt : ce qui est une espece de bon mot, que mon pauvre esprit ne me fournit pas toûjours. O mœurs! ô tems!

* *Ben.*

* *Ben. Jonson* paya souvent son écot avec un Couplet, & pour une pointe d'esprit passa bien des nuits agréables. Hélas! je ne crois pas qu'un Poëme de cent stances procurât dans ce siécle de fer une seule pinte de vin ou une livre de saumon. Combien de beaux esprits seroient obligez d'engager leurs habits (si on les vouloit prendre) pour avoir un dîner, si le Libraire charitable ne leur prêtoit un demi écu sur leurs Poëmes nouveaux, leur en payant ainsi la moitié par avance.

Si un certain illustre † Marchand n'eut pas fait éclater son entendement extraordinaire dans le grand nombre de ses Navires, & sa disposition harmonieuse (mélodieuse seroit mieux dit) dans le caril-

---

* Fameux Poëte Anglois du dernier siécle.
† Le Chevalier Charles Duncomb.

des Dédicaces. 41

carillon de ses especes, l'humeur brusque de l'incomparable *Durfey* n'auroit jamais, par la magie de son invention Poëtique, exposé aux yeux du monde tant d'éloges élevez sur le champ stérile du Marchand ; mais le vénérable * Lirique connoissoit trop bien la facilité de son Patron, pour n'en pas prévoir un ordre sur † le Banquier, qui garde les preuves incontestables du bel esprit de nôtre Marchand. Je ne sçais pas combien le Marchand a donné à *Durfey* ; néanmoins, Mylord ; je sçais bien ce que je dois atendre de vôtre générosité, après que vous aurez lû cette Dédicace sublime, &

D   toute

* *Durfey eut un talent extraordinaire pour faire des Chansons.*

† *Les Marchands de Londres donnent leur argent à garder, ou à la Banque d'Angleterre, ou chez quelque Banquier.*

toute étincelante de vos rares qualitez.

Je fuppofe, *Monseigneur*, ou *Mylord*, que j'ay déja, avec affez de clarté, déployé aux Lecteurs, c'eſt-à-dire, à tout le monde, la qualité excellente & la vaſte étenduë de vôtre bel eſprit; ſi j'ay peu de choſe à dire de vôtre éloquence, c'eſt parce que juſqu'icy vous n'en avez guéres montré, mais de vôtre part, *Mylord*, ce n'eſt que modeſtie & ſage retenuë; car c'eſt cette modeſtie, *Mylord*, qui, comme un bon couvercle, appliqué juſte ſur un pot qui bout, ſupprime les boüillons de vôtre génie, les vapeurs de vôtre eſprit, & les épanchements de vôtre rétorique. Je penſe que vous y feriez des miracles, ſi vous le vouliez. Pourquoy vous obſtinez-vous de de la sorte à concentrer vôtre habileté, & à n'être qu'Auditeur Benevole dans le Parlement? Je ne doute pas que cette taciturnité & négation de parole ne soit très digne de loüange, comme visant au bien Public; vous êtes convaincu, sans doute, que ceux qui ne font qu'écouter aux Assemblées Publiques, avancent toûjours le commerce de leur Patrie, en consumant le tabac & usant les mouchoirs.

De plus, quand je fais réfléxion, combien d'Artillerie de Langues on décharge par tout sans aucune exécution; il faut que j'applaudisse, comme à un trait de prudence & d'humanité, d'éviter l'effusion de paroles innocentes. Combien d'excellents Orateurs avons-nous qui instruisent sans qu'on les

écou-

écoute, font les sévéres sans qu'on s'en soucie, & crient comme des énerguménes sans qu'on les entende; quel dommage! Parlez-moy de ceux qui prennent du tabac sans rien dire : j'ay souvent soûpiré à part moy de voir que la langue des hommes devancent si loin à la course leur entendement. Pendant que l'esprit est lourd, ne faudroit-il pas mettre à la langue des patins de plomb? Mais lorsque la machoire est une fois mise en branle, elle laisse l'entendement à perte de vûë, & gallope avec telle rapidité, que la mémoire, toute vîte qu'elle soit, reste bien en arriere.

Si la langue étoit assujettie à la direction du bon sens, combien de braves Gentilshommes & de belles Dames vivroient & mourroient

roient en silence. Cette grande fatigue qu'on donne aux pauvres machoires, sans en tirer le moindre profit; & ce rapt qu'on commet sur nos oreilles, sans le consentement de nos cœurs, est une injure notoire & une infraction de la Paix publique; c'est une offense aux autres & une maladie du Babillard, que j'appelle le flux par en haut; ce qui est à plusieurs égards, aussi dégoûtant que le flux par en bas, & fait quelquefois pareil affront, même aux narines; quand l'haleine, par exemple, n'est pas musquée, ou comme cela à peu près, n'est pas trop orthodoxe.

 C'est effectivement une grande misere qu'un Babillard étourdi, qui se trouve muni d'une cargaison de mots, qu'il est pressé de mettre en liberté, & pousser ma
patien-

patience à bout, peut-être pendant deux heures de suite. Cela, j'en suis sûr, est contre les Loix de l'équité; & cependant il semble, que, selon les régles de la politesse & de la bienseance, je sois obligé d'en passer par-là.

Ce que je dis icy du caquet ne regarde que les conversations particulieres; mais quand il se déploye dans les Assemblées publiques, rien n'est plus insupportable. Pourquoy sera-t-il permis à un causeur idiot (qui n'a en soi que de la clameur & de l'écume) d'exhaler impunément mille je ne sçai quoi indigestes aux visages des honnêtes gens?

Je voudrois très-humblement proposer, pour le soulagement de ce païs Chrétien, que d'abord qu'on voit un de ces Orateurs
com-

des Dédicaces. 47

commencer à baailler & à s'agiter, quelqu'un de la Compagnie l'accostât, & en le prenant par le bouton, lui dit...... je suis faché, Monsieur, de vous voir tourmenté par des vomissements si violents; ou peut-être feroit-il mieux, sans rien dire, d'accourir seulement avec un bassin, & de le lui porter sous le nez. Et à ce propos, je voudrois établir que chaque lieu d'Assemblée publique fut pourvû d'un ou de plusieurs bassins nécessaires, ou pour réprimer ou pour recevoir les débordements de ces discours mal digérez. Si l'on ne peut pas commodément approcher quelqu'un de ces Orateurs émétiques, on n'aura qu'à crier tout haut *au bassin*; & si l'Orateur à la moindre modestie, il sera guéri, & s'asseyera en repos. Il

Il y a quelque chose d'excessivement insolent dans le procédé de ces jaseurs à longue haleine. Quel droit a homme vivant de fermer la porte de mon gosier, pendant qu'il tient toûjours ouverte celle du sien ? Celui qui s'arroge tout le discours à soi-même, impose à la Compagnie cette loy merveilleusement modeste...... *de garder le silence & de l'écouter.*

Les Dames, en effet, qui connoissent leurs Priviléges beaucoup mieux que nous ne connoissons les nôtres, ne sont pas assujetties à nos Régles : mais quand il s'en trouve plus d'une vingtaine ensemble, elles font toutes à la fois retentir leur grand talent de jaser. Et effectivement, si nous nous ressouvenons que toute leur ambition n'est que de montrer leur sçavoir-faire

faire en ce genre, sans se mettre en peine de se rendre intelligibles, nous ne pouvons pas les blâmer de ce qu'elles employent leurs langues, comme elles se servent de leurs éventails purement par voye de parade, ou parce que c'est la mode; c'est pourquoi lorsque les Dames agitent l'un ou l'autre de ces outils innocents, on ne doit pas les interrompre, en leur presentant le Bassin: car si ce n'est que la méchanceté de l'intention qui rend les actes criminels; la où il n'y a point d'intention, il ne peut y avoir de mal. Je sçay bien que les belles Causeuses sont si pleines de modestie, que cette Apologie que je fais icy sera très-humblement refusée par elles, comme ne l'ayant pas méritée; mais je persiste résolument à les

E inno-

innocenter malgré elles. Pour ce qui regarde ceux de mon propre sexe, qui sont sujets à se purger par la bouche, je ne révoqueray jamais mon Arrêt, si ce n'est à l'égard de ceux qui feront honneur à la vérité, en avoüant franchement, qu'en parlant beaucoup, ils ne veulent rien dire; & il faut avoüer qu'il y a bien des personnes qui employent leur Rétorique, sans autre motif ny vûë, que purement & simplement à cause qu'elles ne sçauroient se contenir. Lorsque la cervelle est montée sur une langue forte en bouche, celle-cy prend, de temps en temps, le mords aux dents, & l'emporte à tous les milles.

A cette sorte d'éloquence, comme à la mauvaise haleine, il n'y a qu'un seul remede qu'on puisse dire

dire efficace ; c'est de serrer le cou du malade d'une certaine ligature, appellée *Hart*, si fort, que vous en bouchiez le tuyau par lequel ces excrements se vuident ; mais comme ce remede peut devenir dangereux à tant de milliers de bons sujets de Sa Majesté, je procéde avec retenuë à recommander ce Projet pour le bien public, encore que je sois tout-à-fait persuadé qu'il détruiroit effectivement tous ses ennemis. Cependant, comme ami de la tranquillité & des nez des hommes, je prendray la liberté de prescrire icy un *Succedaneum*, c'est-à-dire, un équivalent pour la Hart.

Ainsi comme un spécifique, contre les effets terribles de cette maladie fétide & épidémique, je conseillerois au malade, lorsqu'il s'aps'apperçoit que l'accès survient, ce qu'il connoîtra par un trépignement de langue & un trémouffement de lévres, qu'il se retire d'abord de la Compagnie, & employe ces organes infatigables à lire quelques lignes dans les Annales du Parlement de 1641. écrites par Jean Vicars.

Je sçay que beaucoup de gens, & sur-tout mes patients, se récrieront contre ce remede : mais point de Haro contre le *Récipé*, puisque les drogues les plus ameres sont souvent les plus salutaires ; outre qu'on sçay bien que toutes les medecines assoûpissantes sont au goût défagréables ; & de cette espece sont les Opiats qui sortent tous les jours de nos Imprimeries Partisannes.

Une dose ou deux de ce Livre,

des Dédicaces.

si l'on me vouloit croire, assoûpiroit effectivement ces convulsions de machoires, & ce flux de babil, qu'on a cru jusqu'icy incurable: mais que personne ne desespere; car bien que leurs bouches soient seches & leurs lévres fenduës de l'évacuation perpétuelle d'éloquence & de salive; bien que les secouëments leur ayent ébranlé la tête, & les clignements leur ayent fait mal aux yeux; quand même leurs poîtrines seroient déchirées à force de tousser, & leurs gosiers enroüez de trop brailler, que leurs bras seroient fatiguez de trop gesticuler, que leurs flancs seroient épuisez de trop s'évertuër, & leurs cannes toutes usées d'en battre le planché; cependant moi, Medecin, moyennant l'aide toute puissante de ce Livre assoûpissant, je

E 3 leur

leur promets une parfaite guérison.

J'aurois pû réserver pour moi-même, comme font les autres grands Medecins, ce secret, que j'ai trouvé par ma grande industrie & longue étude ; mais, en ce cas, je préfere l'instruction du genre humain & le bien public, à tous mes avantages particuliers.

Pour le grand nombre de Harangueurs excellents, qui ne sçavent pas lire, il faut que j'invente quelqu'autre guérison. Il seroit peut-être à propos de leur demander s'ils veulent souscrire à ce qu'ils disent, leur presentant en même-temps plume, encre & papier ; on trouvera qu'ils se garderont bien d'attester d'une maniere si solemnelle ce qu'ils ont dit ; ainsi, pour en éviter la honte,

des Dédicaces.

te, ils feront guéris........ Remarquez bien que ce remede est efficace pour le caquet des Damoiseaux.

Quant aux Dames, comme elles ont de aversion pour tout ce qui est desagréable ou hors de la mode; je sçay bien que le remede de mon Livre ne passeroit jamais chez elles sans beaucoup d'adresse. Ces gentilles malades me regarderoient comme un Medecin impôli, si je leur prescrivois une chose si desagréable que la lecture d'un tel Livre ; ainsi je m'apperçois qu'il faut que je devienne souple & rusé, pour ne pas paroître grossier ; & comme je connois bien l'esprit curieux dont elles sont possedées, j'ay concerté en moi-même de leur recommander ce Livre, comme un Livre qui contient

Dédicace-Critique

tient plusieurs avantures extraordinaires, & plusieurs dont elles n'ont jamais entendu parler: c'est-là où elles trouveront les Galanteries, & les Intrigues; les Chansons, les Danses, & les beaux Garçons; * les Tumultes, les Rebellions, & l'Eglise; le Droit Hereditaire, & un Prétendant, qui fut bel homme; elles y trouveront aussi

* Il a parlé de la sorte icy, par allusion aux troubles qui venoient de paroître en Angleterre; & parce que la plûpart des Dames Angloises étoient alors TORIES, portées pour l'Eglise Anglicanne (appellée l'*Eglise Haute*) qui prétendoit soûtenir le Droit Hereditaire, & sous-main le Prétendant; au lieu que les *VVhigs* (ceux de l'*Eglise Basse*) font (avec les *Presbitériens*) le Peuple, l'origine & la source du Gouvernement, & donnent au Peuple le pouvoir suprême: ce que les *Toris* prétendent être incompatible avec l'*Eglise Anglicanne*, parce qu'il tire sur la République & va introduire le *Calvinisme*, d'où les Toris alléguoient l'Eglise en danger; mais ce Cri paroît à cette heure assoupi.

aussi des Courses, des Enlevements, des Jeux; & enfin tout ce qui peut leur plaire & les amuser: outre que le Livre sera bien relié & doré; je mets la derniere la plus forte & plus puissante recommandation, afin qu'elles s'en souviennent le mieux.

Et si en lisant, elles ne trouvent rien de ce que je viens de promettre; toûjours comme le stile y est parfaitement bien éxotiqué, perpléxe & obscur, elles s'en prendront à elles-mêmes, comme font les demi-sçavants; des fautes qu'ils trouvent en de mauvaises Traductions du Grec en Latin. Et comme il est souvent nécessaire de tromper les enfans, pour leur faite prendre medecine; la tromperie sera ici permise, pourvû qu'elles

les soient guéries du caquet, qui est leur grand mal.

Je sçay que nos Libraires sont à present dépourvus de ce Livre si utile; mais Monsieur *Lintot* (encouragé de ce nouveau Projet, que j'ai fait) ayant depuis peu entrepris d'en faire une nouvelle impression, j'en avertis le Public, qu'on en pourra trouver chez luy, qui, à l'exemple de ces confréres genereux, s'est distingué par de telles charitez envers le Public, sans autre vûë au monde, qu'un peu d'argent pour avoir de l'esprit.

Et pour convaincre le monde que je n'ai pas l'intérêt en vûë dans cette découverte utile que je mets au jour, je déclare que je n'ay jamais vû de quelle couleur sont

des Dédicaces. 59

sont les pistoles de Monsieur *Lintot* ; car quoy que je sois de société avec lui pour la réformation des Mœurs, je le quitte de toutes les épices : mais vrayment si Monsieur *Lintot* vouloit me corrompre à force d'argent, je sçay bien que ma bonté & ma pôlitesse naturelle ne me permettroient pas de me broüiller pour si peu de chose avec un si honnête homme : car c'est mon principe de souffrir plûtôt que de résister à ces tentations puissantes ; ainsi que font nos Docteurs pieux & modestes, lorsqu'ils sont contraints d'accepter de gros Benefices & de riches Evêchez, malgré leur *Nolo* obstiné & tant de fois répeté : mais encore que j'aye résolu de ne pas me broüiller avec Monsieur *Lintot*

pour

pour une bagatelle, je proteste pourtant par avance que si ce gallant homme me fait présent d'une centaine de Guinées, je pourrai le lui pardonner.

Enfin, s'il se comporte en cette occasion comme il faut, j'ay intention de lui céder, pour luy, ses Hoirs, ou ayant cause, le droit d'imprimer & publier mes Livres pendant le temps de 300. ans; après-quoy je veux & ordonne que ledit Droit devienne général pour enrichir tout le Corps des Libraires, sans distinction. En même-tems j'exige d'eux, qu'en reconnoissance d'un si grand bienfait, ils appliquent une petite portion des profits susdits à démôlir & à rebâtir l'Eglise Cathédrale de saint Paul à Londres, suivant un dessein digne

digne de moi & de ma Patrie, dont je ménage par-là l'honneur, autant que la reputation de Monsieur le Chevalier *Wren*. J'aurois déja travaillé à luy faire recouvrer son crédit ; mais, comme on ne compte point ce Bâtiment parmi les beaux morceaux d'Architecture, le nom de l'Architecte est toûjours sûr de rester inconnu.

Je veux aussi, & j'ordonne, que ladite Compagnie des Libraires fassent, à mes dépens, c'est-à-dire des revenus provenants de mes œuvres, ériger une Ecole publique dans chaque Paroisse des Domaines Britanniques, ou quatre fois l'an on fera mon Panégirique; ce que je n'ordonne pas par aucun motif de vaine gloire ; j'en suis fort éloigné ; mais purement
pour

pour exciter les écoliers à l'imitation de mes études ; d'où ils pourront, à mon exemple, éterniser leurs noms, & faire du bien à leur Patrie.

Or après un peu d'absence, *Mylord*, je reviens à Vôtre Seigneurie, laquelle, voyant que pendant ce tems, j'ay travaillé pour le bien public, m'en excusera : Mais y ayant, comme j'espere, assez établi ce grand bien à nôtre Patrie, jusqu'au bout des siecles ; me voilà maintenant, *Monseigneur*, à vôtre service.

C'est maintenant mon devoir d'applaudir à la piété & à la politesse de V. E. à la gravité & à la vivacité de vôtre esprit, aux merveilles de vôtre conduite, & à la modestie de vôtre conversation ;

des Dédicaces.

tion ; en particulier, je devrois célébrer vôtre générosité prodigieuse envers moi, & vôtre grande frugalité envers tout le reste du monde ; & V. E. peut s'y fier, que je veux bien-tôt gratifier ma propre ambition, en m'efforçant à vous équipper de tous ces beaux talents, & encore de plusieurs autres.

Mais il vient de m'arriver une chose qui m'empêche de m'acquitter de mon devoir ; c'est chose, *Monseigneur*, que ma modestie naturelle m'oblige de cacher à tout le monde, hormis à V. E. dont la bonté m'encourage à la luy reveler ; c'est, *Mylord*, qu'il est midy, & j'ay besoin de dîner : Helas ! j'appréhende que mon Libraire ne me veüille pas prêter de quoy

quoy dîner, à moins que je ne luy engage pour ladite fomme ce que j'ay écrit icy; ainfi, *Mylord*, la moitié de V. E. c'eft-à-dire, la moitié de vôtre Portrait, qui ne doit finir qu'avec le jour, va fervir de gage pour mon dîner : Affûrez-vous, *Monfeigneur*, d'entendre bien-tôt de mes nouvelles; car j'ay vôtre mefure, & ne manqueray pas d'achever bien-tôt vôtre habit, en habile Tailleur fpirituel. J'ay l'honneur d'être, avec refpect & dévoüement admirable, & fort preffé; car il eft maintenant midy & un quart,

Mon fort bon Seigneur,

DE VÔTRE EXCELLENCE,

Le très-dévoüé, très-humble, très-obéïffant, &c.

APOS-

APOSTILLE.

Pour me mettre à couvert de l'envie, à quoy les Auteurs les plus éminents doivent s'attendre, j'ay déterminé de ne mettre mon nom à cet Ouvrage qu'après la trentiéme édition, ce qui n'arrivera apparemment que dans un mois d'icy; avant l'expiration duquel tems, il est probable que tous les détracteurs du merite de cet Ouvrage, seront sislez & accablez de honte par tout le monde.

J'avois dessein (pour suivre la coûtume des grands Auteurs) d'ajoûter icy une Table des choses les plus remarquables; mais m'apperçevant que cela m'obligeroit de recopier & de transcri-

66 *Dédicace-Critique*

re tout le Traité en Index, je l'ay laiſſée-là.

Je veux auſſi, & j'ordonne, que dans l'an 2718. c'eſt-à-dire, à mil ans d'icy, ladite Compagnie de Libraires faſſe à mes dépens ; c'eſt-à-dire, des revenus provenants de mes œuvres, ériger deux ſtatuës de Marbre, à l'honneur du Prince qui alors régnera, l'une à Charing Croſſe à Londres ; & l'autre devant le Théâtre d'Oxford, avec les Inſcriptions ſuivantes ; c'eſt-à-dire,

Sous celle à Charing Croſſe.

A Georges le xx. par la Grâce de Dieu, Roy de la Grande Bretagne & * Empereur de l'Europe, Arbi-

---

* *En nova Progenies cœlo demittitur Alto.*
Voici une nouvelle race de Prophêtes ! Ce
n'eſt

Arbitre de la Paix d'Asie, & Défenseur de la Foy, pieux, clément, juste, pere nourricier de la liberté du genre Humain; courageux pour la Vérité, la Religion, l'équité; contre la Tyrannie, la Persécution, l'Impiété; son zéle assaisonné de la charité, sa vertu de l'affabilité; un Prince qui fait voir une abnégation de soi-même, sans pareille, qui perd l'éclat de beaucoup de gloire, parce qu'il en cache la substance; en prévenant les miseres, il perd la renommée de les avoir soulagées: ainsi son merite est d'autant plus

F 2   ex-

---

n'est plus les Thrénes tragiques de Jeremie, ny les terribles prédictions des autres Prophétes Juifs, qui sous haire & cendres déplorent les pechez de leur Patrie; ces Prophétes Anglois sont de bons vivans, qui prédisent des Comédies.

excellent qu'il est moins visible ; les joyes & les craintes de ses Sujets sont les siennes propres ; leur Paix est le but de ses Guerres, & ses Guerres sont les moyens qui produisent leur Paix. Il est magnanime & prudent : le courage ne découvre jamais aucun défaut de circonspection, ny sa circonspection un défaut de courage ; ils sont tous les deux signalez. Sa libéralité n'est pas restrainte au merite connu ; mais elle contribuë genereusement à l'élever en connoissance ; d'autres ont récompensé le merite ; il en est le créateur ; il est heureux dans le choix & dans les talents de ses Ministres ; & ceux-cy sont heureux dans les bonnes graces & dans la bonne fortune de leur maître :

enfin

des Dédicaces.

enfin ce puissant Empereur, (comme des Cyrus & des Alexandres,) a eu l'honneur d'avoir sa grandeur pronée par un fameux Prophête Anglois, appellé *Svvifte*, mille ans avant qu'il fut au monde.

Sous la statuë à Oxford.

A Georges le xx. par la Grace de Dieu, &c. Prince de qui le principal droit de gouverner le genre humain vient de ce qu'il en est le meilleur & le plus sage ; rien ne peut égaler l'affection du peuple pour son Monarque, si ce n'est la bienveillance du Monarque pour son peuple : une noble émulation ! leur bonheur est son étude, & son salut est leur soin ; il gouverne, parce qu'il qu'il merite de gouverner : il ne prétend reçevoir du Ciel d'autre droit que de faire du bien, ny des hommes d'autre que de les protéger : il ne croit pas avoir droit d'être Tyran, parce que ses Ancêtres ont été Rois.

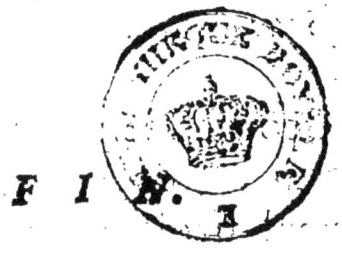

F I N.

A Rouen, De l'Imprimerie de ROBERT MACHUEL, derriere le Chœur de S. Martin-sur-Renelle, 1726.

www.ingramcontent.com/pod-product-compliance
Lightning Source LLC
LaVergne TN
LVHW050627090426
835512LV00007B/701